Impressum
Verlag: BABADADA GmbH, Nedderfeld 112 , 22529 Hamburg
Geschäftsführer / Verlagsleitung: Harald Hof
Druck: Books on Demand GmbH, In de Tarpen 42, 22848 Norderstedt

Imprint
Publisher: BABADADA GmbH, Nedderfeld 112 , 22529 Hamburg, Germany
Managing Director / Publishing direction: Harald Hof
Print: Books on Demand GmbH, In de Tarpen 42, 22848 Norderstedt, Germany

школа
məktəb

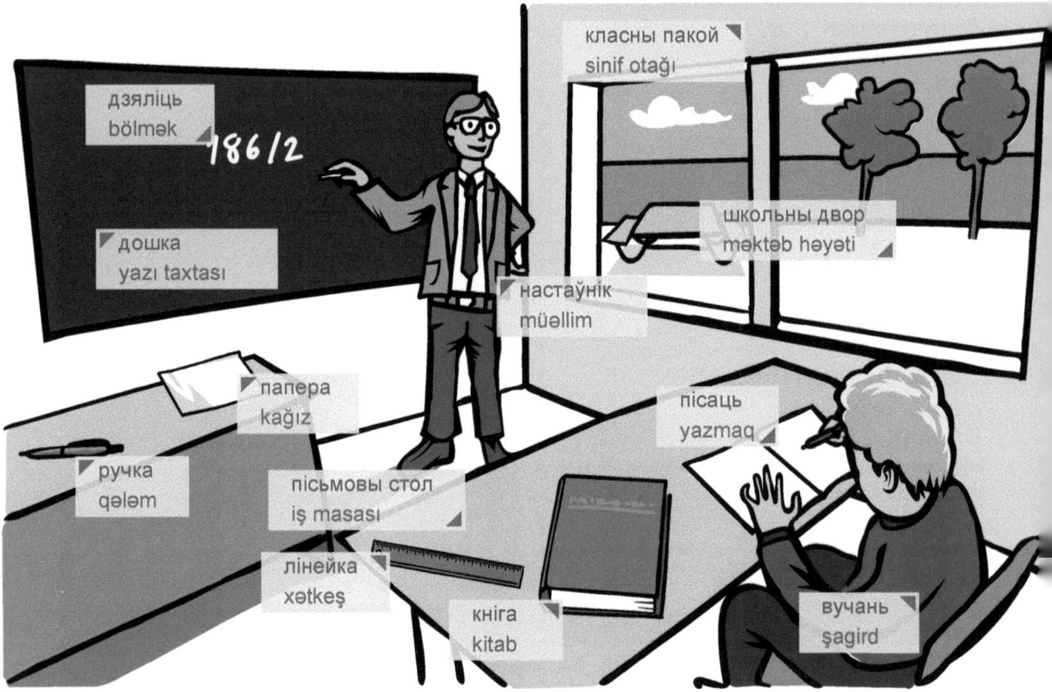
класны пакой
sinif otağı
дзяліць
bölmək
186/2
дошка
yazı taxtası
школьны двор
məktəb həyəti
настаўнік
müəllim
папера
kağız
пісаць
yazmaq
ручка
qələm
пісьмовы стол
iş masası
лінейка
xətkeş
кніга
kitab
вучань
şagird

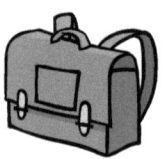

ранец

məktəbli çantası

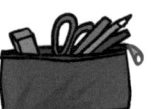

пенал

karandaş qabı

просты аловак

karandaş

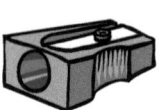

тачылка для алоўкаў

karandaş yonan

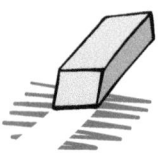

гумка

pozan

альбом для малявання

rəsm albomu

малюнак

rəsm

пэндзлік

boya fırçası

фарбы

boya qutusu

нажніцы

qayçı

клей

yapışdırıcı

сшытак

dəftər

хатняе заданне

ev tapşırığı

лік

say

дадаваць

əlavə etmək

адымаць

çıxmaq

множыць

vurmaq

лічыць

hesablamaq

літара

hərf

алфавіт

əlifba

слова

söz

тэкст

mətn

чытаць

oxumaq

крэйда

tabaşir

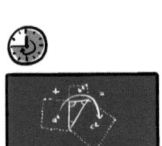

ўрок

dərs

класны журнал

sinif jurnalı

экзамен

imtahan

атэстат

təhsil haqqında sənəd

школьная форма

məktəb uniforması

адукацыя

təhsil

энцыклапедыя

ensiklopediya

універсітэт

universitet

мікраскоп

mikroskop

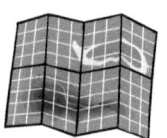

карта

xəritə

смеццевы кошык

zibil qutusu

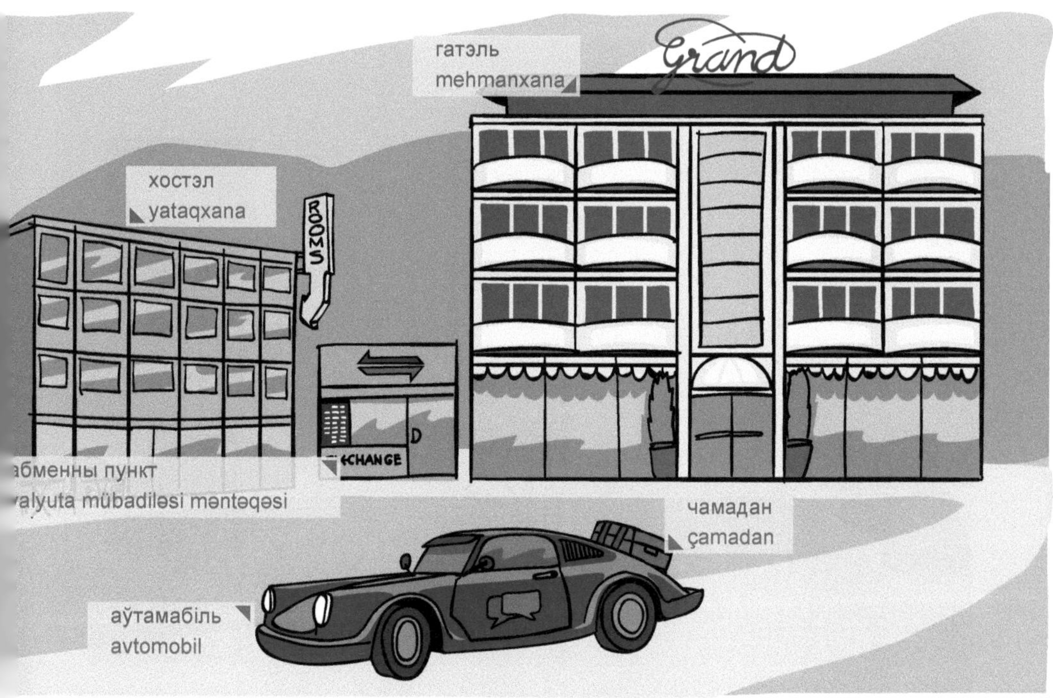

гатэль
mehmanxana

Grand

хостэл
yataqxana

ROOMS

абменны пункт
valyuta mübadiləsi mənteqəsi

ЕCHANGE

чамадан
çamadan

аўтамабіль
avtomobil

мова
dil

так / не
bəli/xeyr

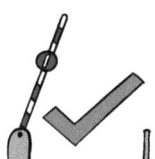

добра
oldu

прывітанне!
salam

перекладчык
tərcüməçi

дзякуй
Təşəkkür edirəm

Колькі каштуе....?

giyməti nə qədərdir ...?

я не разумею

mən başa düşmürəm

праблема

problem

Добры вечар!

Axşamınız xeyir!

Добрай раніцы!

Sabahınız xeyir!

Дабранач!

Gecəniz xeyrə galsin!

да пабачэння

hələlik

кірунак

istiqamət

багаж

baqaj

сумка

torba

заплечнік

kürək çantası

госць

qonaq

пакой

otaq

спальны мяшок

yataq-çuval

палатка

çadır

нфармацыя для турыстаў

turistlər üçün məlumat

пляж

çimərlik

крэдытная картка

kredit kartı

снеданне

səhər yeməyi

абед

günorta yeməyi

вячэра

nahar yeməyi

праязны білет

bilet

ліфт

lift

паштовая марка

poçt markası

мяжа

sərhəd

мытня

gömrük

пасольства

səfirlik

віза

viza

пашпарт

pasport

транспарт

nəqliyyat

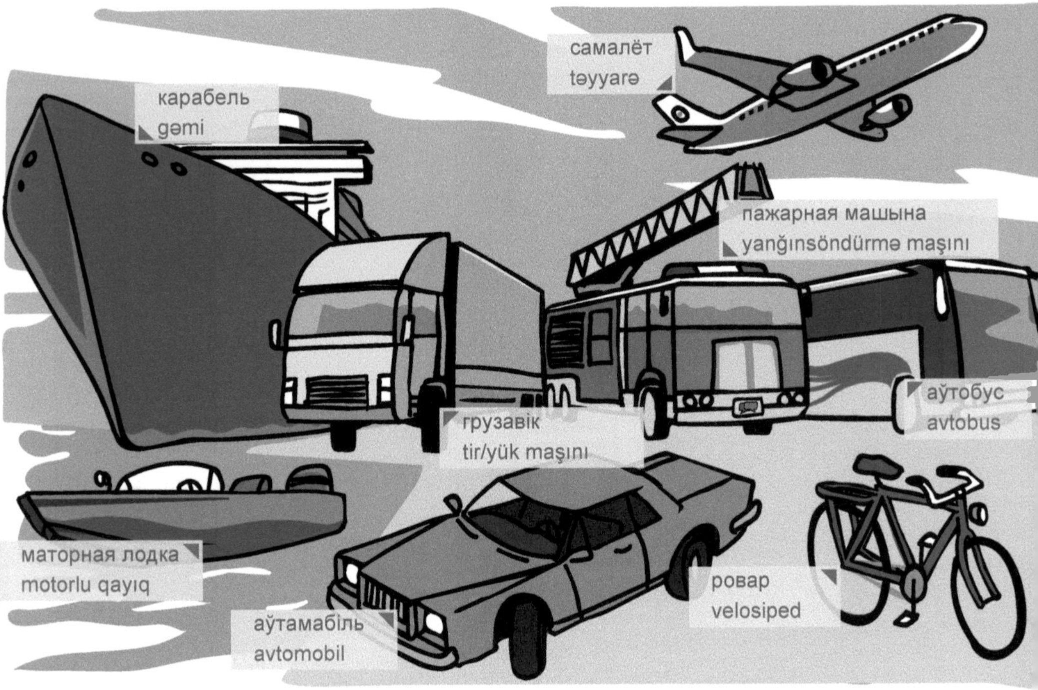
самалёт
təyyarə
карабель
gəmi
пажарная машына
yanğınsöndürmə maşını
аўтобус
avtobus
грузавік
tir/yük maşını
маторная лодка
motorlu qayıq
ровар
velosiped
аўтамабіль
avtomobil

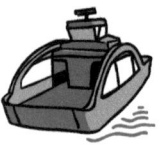

парам

bərə

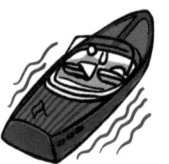

лодка

qayıq

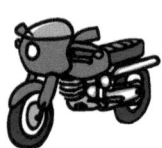

матацыкл

motosiklet

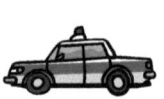

паліцэйская машына

polis avtomobili

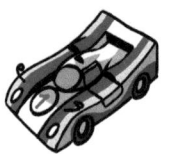

гоначны аўтамабіль

yarış avtomobili

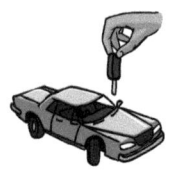

арэндаваны аўтамабіль

icarə avtomobili

сумеснае карыстанне аўтамабілем

avtomobil icarəsi

эвакуатар

texniki yardım maşını

смеццявоз

zibil maşını

матор

mühərrik

паліва

yanacaq

запраўка

benzin doldurma məntəqəsi

дарожны знак

yol nişanı

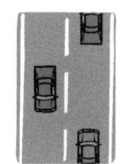

дарожны рух

yol hərəkəti

затор

tıxac

паркоўка

avtomobil dayanacağı

чыгуначная станцыя

dəmir yolu stansiyası

рэйкі

dəmiryol

цягнік

qatar

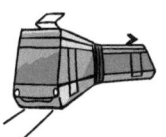

трамвай

tramvay

вагон

vaqon

верталёт

helikopter

аэрапорт

hava limanı

вежа

qüllə

пасажыр

sərnişin

кантэйнер

konteyner

кардонная скрыня

karton qutu

тачка

əl arabası

карзіна

səbət

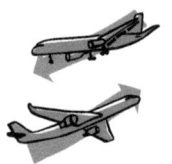

ўзлятаць / прызямляцца

qalxmaq / enmək

горад

şəhər

вёска

kənd

цэнтр горада

şəhər mərkəzi

дом

ev

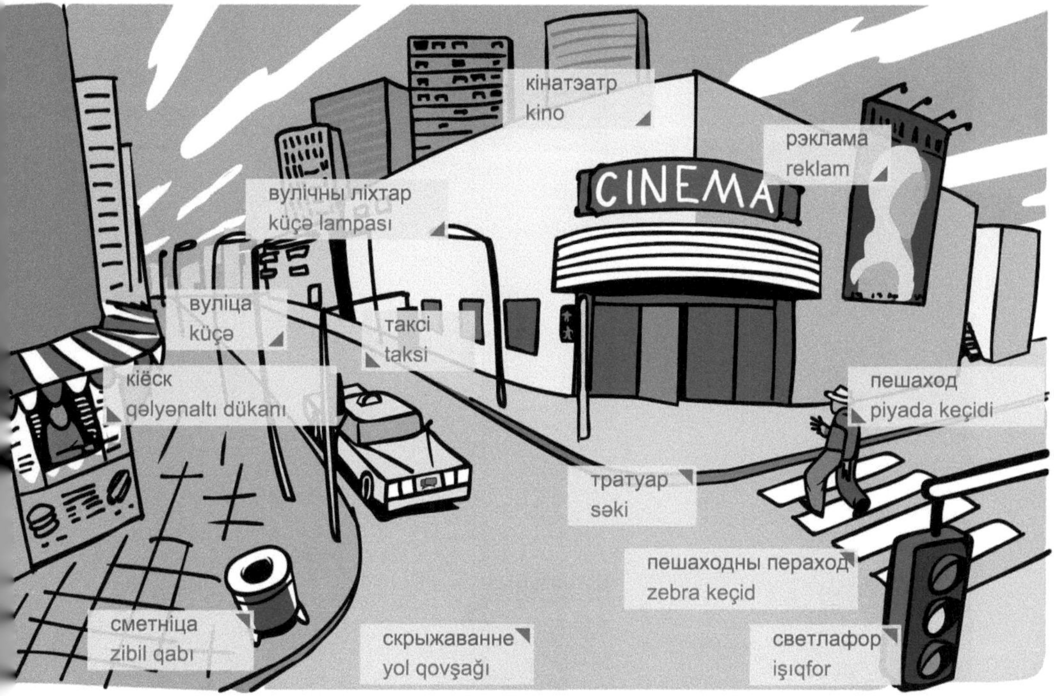

кінатэатр
kino

рэклама
reklam

вулічны ліхтар
küçə lampası

CINEMA

вуліца
küçə

таксі
taksi

кіёск
qəlyənaltı dükanı

пешаход
piyada keçidi

тратуар
səki

пешаходны пераход
zebra keçid

сметніца
zibil qabı

скрыжаванне
yol qovşağı

светлафор
işıqfor

халупа

daxma

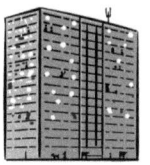

кватэра

mənzil

чыгуначная станцыя

dəmir yolu stansiyası

ратуша

bələdiyyə binası

музей

muzey

школа

məktəb

універсітэт

universitet

банк

bank

шпіталь

xəstəxana

гатэль

mehmanxana

аптэка

aptek

офіс

ofis

кнігарня

kitab dükkanı

крама

dükan

кветкавая крама

çiçək dükanı

супермаркет

supermarket

кірмаш

bazar

універмаг

univermaq

рыбная крама

balıq satıcısı

гандлевы цэнтр

ticarət mərkəzi

порт

liman

парк

park

лава

oturacaq

мост

körpü

лесвіца

pilləkən

метро

metro

тунэль

tunel

прыпынак

avtobus dayanacağı

бар

bar

рэстаран

restoran

паштовая скрыня

poçt qutusu

вулічны паказальнік

küçə nişanı

паркамат

parkinq sayğacı

заапарк

zoopark

басейн

üzgüçülük hovuzu

мячэць

məscid

сядзіба
ferma

забруджванне
навакольнага асяроддзя

ətraf mühitin çirklənməsi

могілкі
məzarlıq

царква
kilsə

пляцоўка для гульні
oyun meydançası

храм
məbəd

краявід
mənzərə

ліст
yarpaq

паказальнік
yol nişanı

дарога
yol

луг
çəmən

камень
daş

дрэва
ağac

падарожнік
piyada səyyah

рака
çay

трава
ot

кветка
gül

даліна
vadi

гара
təpə

возера
göl

лес
meşə

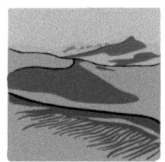

пустыня
səhra

вулкан
vulkan

замак
qəsr

вясёлка
göy qurşağı

грыб
göbələk

пальма
palma

камар
ağcaqanad

муха
milçək

мурашка
qarışqa

пчала
arı

павук
hörümçək

жук

böcək

жаба

qurbağa

вавёрка

dələ

вожык

kirpi

заяц

dovşan

сава

bayquş

птушка

quş

лебедзь

qu quşu

дзік

qaban

алень

maral

лось

sığın

плаціна

su bəndi

вятрак

külək turbini

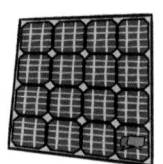

сонечная батарэя

günəş batareyası

клімат

iqlim

афіцыянт
ofisiant

меню
menyu

крэсла
kreslo

суп
şorba

піца
pizza

абрус
süfrə

сталовыя прыборы
bıçaq, çəngəl, qaşıq

закуска
....
məzə

другая страва
....
əsas yemək

дэсерт
....
desert

напоі
....
içkilər

ежа
....
yemək

бутэлька
....
şüşə

хуткае харчаванне (фаст-
фуд)

küçə yeməkləri

fast food

стрыт-фуд

küçə yeməkləri

імбрык (чайнік)

çaynik

цукарніца

qəndqabı

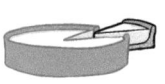

порцыя

pay

эспрэса-машына

espresso maşını

дзіцячае крэселка

hündür uşaq kreslosu

рахунак

faktura

паднос

nimçə

нож

bıçaq

відэлец

çəngəl

лыжка

qaşıq

чайная лыжка

çay qaşığı

сурвэтка

salfet

шклянка

şüşə

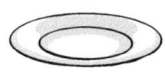

талерка
·············
boşqab

супавая талерка
·············
şorba boşqabı

сподак
·············
nəlbəki

соус
·············
sous

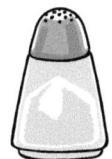

сальніца
·············
duz qabı

млынок для перцу
·············
bibərüyüdən

воцат
·············
sirkə

алей
·············
duru yağ

спецыі
·············
ədviyyat

кетчуп
·············
ketçup

гарчыца
·············
xardal

маянэз
·············
mayonez

супермаркет
supermarket

акцыя
xüsusi təklif
FOR
пакупнік
müştəri
малочныя прадукты
süd məhsulları
садавіна
meyvə
вазок
alış-veriş arabası

BUTCHERS

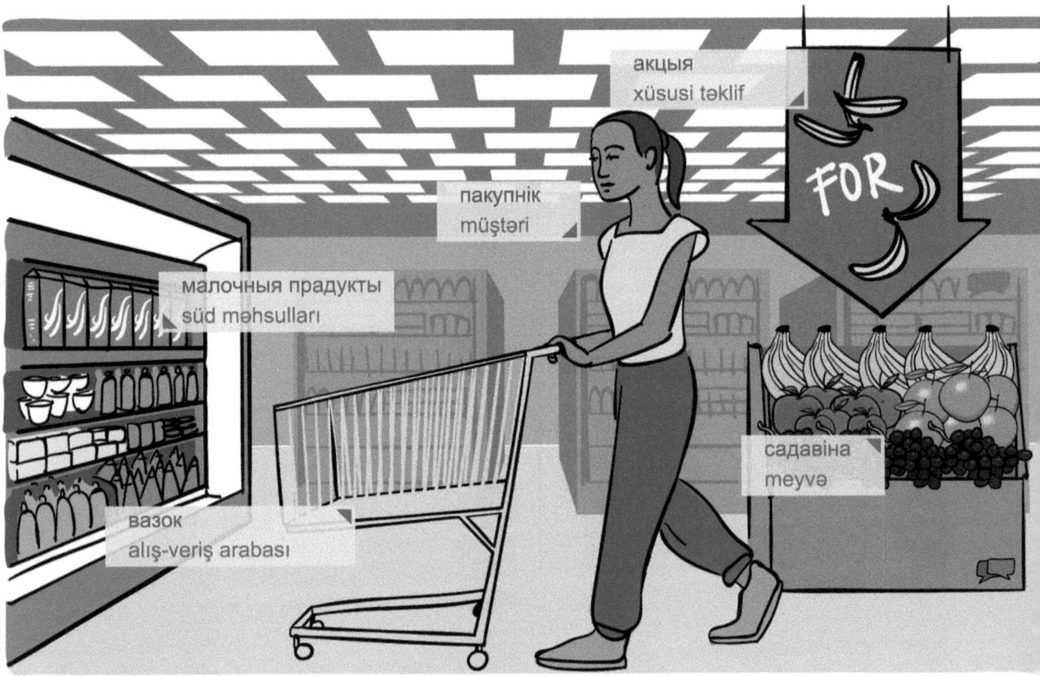

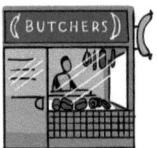

мясная крама

qəssab dükanı

BAKERY

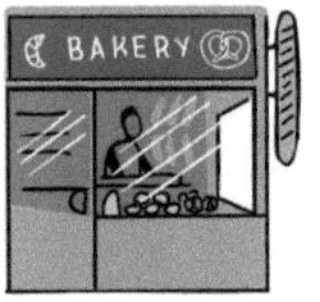

хлебны магазін

çörəkçi

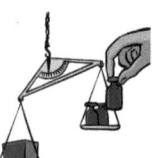

важыць

çəkmək

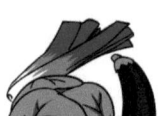

гароднiна

tərəvəz

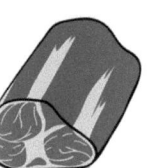

мяса

ət

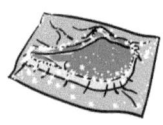

свежазамарожаныя прадукты

dondurulmuş qida

нарэзка

soyuq ət yeməyi

кансервы

konservləşdirilmiş qida

пральны парашок

yuyucu toz

прысмакі

şirniyyat

хатнія прылады

təsərrüfat malları

чысцячы сродак

yuyucu vasitələr

прадавец

satıcı

каса

kassa

касір

kassir

спіс пакупак

alış-veriş siyahısı

гадзіны працы

iş saatları

бумажнік

pul kisəsi

крэдытная картка

kredit kartı

сумка

torba

пакет

plastik torba

вада

su

сок

şirə

малако

süd

кола

cola

віно

şərab

піва

pivə

алкаголь

alkoqollu içkilər

какава

kakao

гарбата (чай)

çay

кава

qəhvə

эспрэса

espresso

капучына

kapuçino

банан
banan

яблык
alma

апельсін
portağal

дыня
yemiş

лімон
limon

морква
yerkökü

часнок
sarımsaq

бамбук
bambuq

цыбуля
soğan

грыб
göbələk

арэхі
qoz-fındıq

локшына
əriştə

спагеці

spagetti

рыс

düyü

салата

salat

бульба фры

cips

смажаная бульба

qızardılmış kartof

піца

pizza

гамбургер

hamburger

бутэрброд

sandviç

шніцаль

eskalop

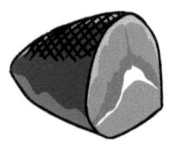

вяндліна

hisə verilmiş donuz əti

салямі

salyami

каўбаса

kolbasa

курыца

toyuq

смажаніна

qızardılmış ət tikəsi

рыбак

balıq

аўсяныя камякі

yulaf yarması

мюслі

müsli

кукурузныя шматкі

partlaq qarğıdalı

мука

un

круасан

kruassan

булачка

bulka

хлеб

çörək

тост

tost

пячэнне

peçenye

масла

kərə yağı

тварог

kəsmik

пірог

tort

яйка

yumurta

яечня

qayğanaq

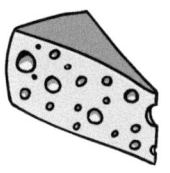

сыр

pendir

ежа - yemək

марожанае

dondurma

цукар

şəkər

мёд

bal

варэнне

mürəbbə

нуга

şokolad pastası

кары

köri

сядзіба
ferma

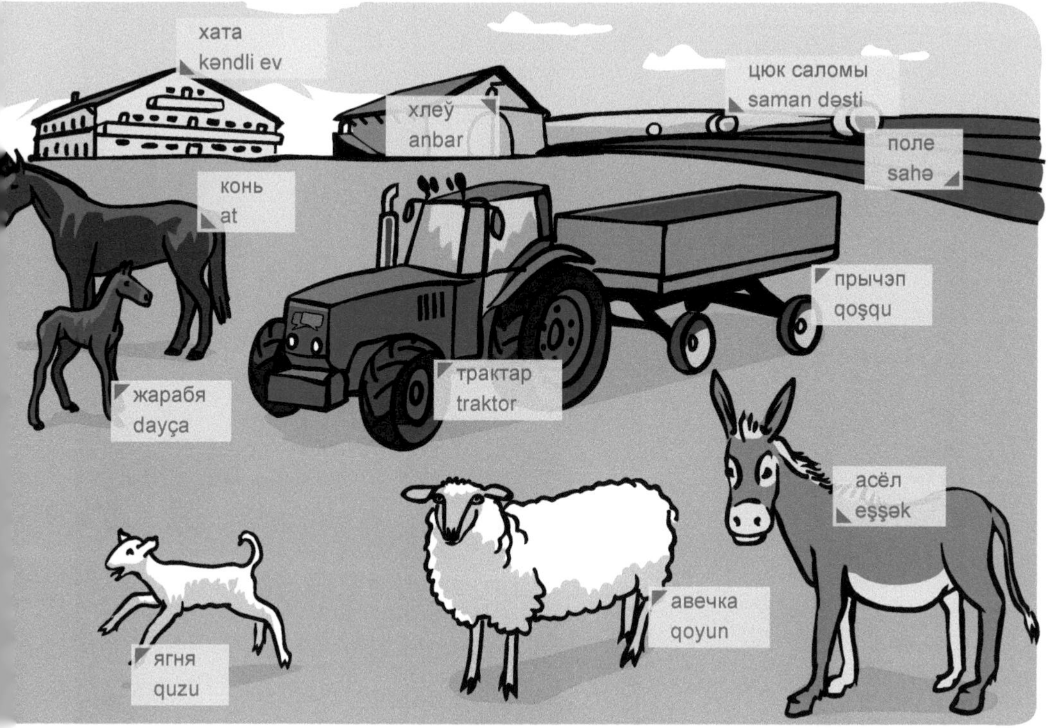
хата
kəndli ev
хлеў
anbar
цюк саломы
saman dəsti
поле
sahə
конь
at
прычэп
qoşqu
жарабя
dayça
трактар
traktor
асёл
eşşək
авечка
qoyun
ягня
quzu

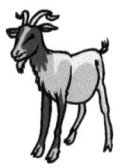

казa

keçi

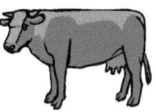

карова

inək

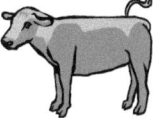

цяля

dana

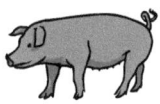

свіння

donuz

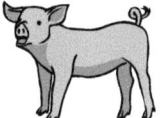

парася

donuz balası

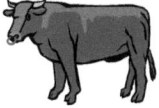

бык

öküz

гусак

qaz

качка

ördək

кураня

cücə

курыца

toyuq

певень

xoruz

пацук

siçovul

кот

pişik

мыш

siçan

вол

öküz

сабака

it

сабачая будка

itdamı

садовы шланг

bağ şlanqı

палівачка

susəpən

каса

dəryaz

плуг

kotan

серп

oraq

матыка

kətman

вілы для гною

yaba

сякера

balta

тачка

əl arabası

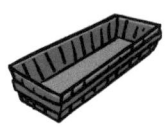

карыта

çalov

бітон для малака

süd bidonu

мех

çuval

плот

çəpər

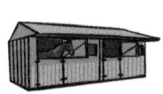

хлеў

tövlə

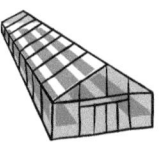

цяпліца

istixana

глеба

torpaq

насенне

toxum

угнаенне

gübrə

камбайн

taxılbiçən kombayn

збіраць ураджай

məhsul yığmaq

ураджай

məhsul yığımı

ямс

yam

пшаніца

buğda

соя

soya

бульба

kartof

кукуруза

dən

рапс

raps

садовае дрэва

meyvə ağacı

маніёк

maniok

збожжа

yarma

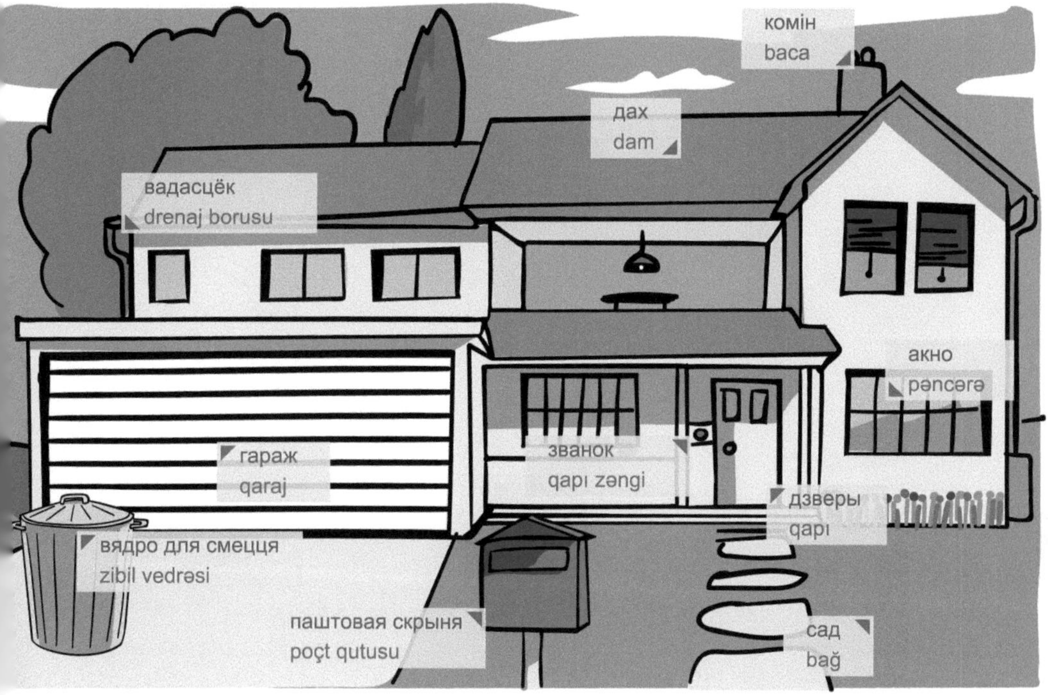

комін
baca

дах
dam

вадасцёк
drenaj borusu

акно
pəncərə

гараж
qaraj

званок
qapı zəngi

дзверы
qapı

вядро для смецця
zibil vedrəsi

паштовая скрыня
poçt qutusu

сад
bağ

жылы пакой
qonaq otağı

ванная
hamam otağı

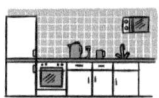

кухня
mətbəx

спальны пакой
yataq otağı

дзіцячы пакой
uşaq otaqı

сталоўка
yemək otağı

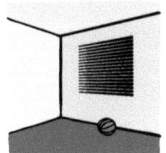

падлога
döşəmə

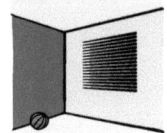

сцяна
divar

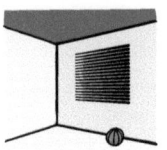

столь
tavan

падвал
zirzəmi

саўна
sauna

балкон
balkon

тэраса
terras

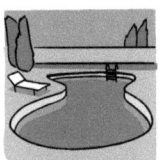

басейн
üzgüçülük hovuzu

касілка
otbiçən maşın

падкоўдранік
mələfə

коўдра
yataq örtüyü

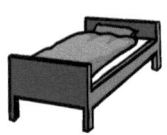

ложак
yataq

венік
süpürgə

вядро
vedrə

выключальнік
elektrik açarı

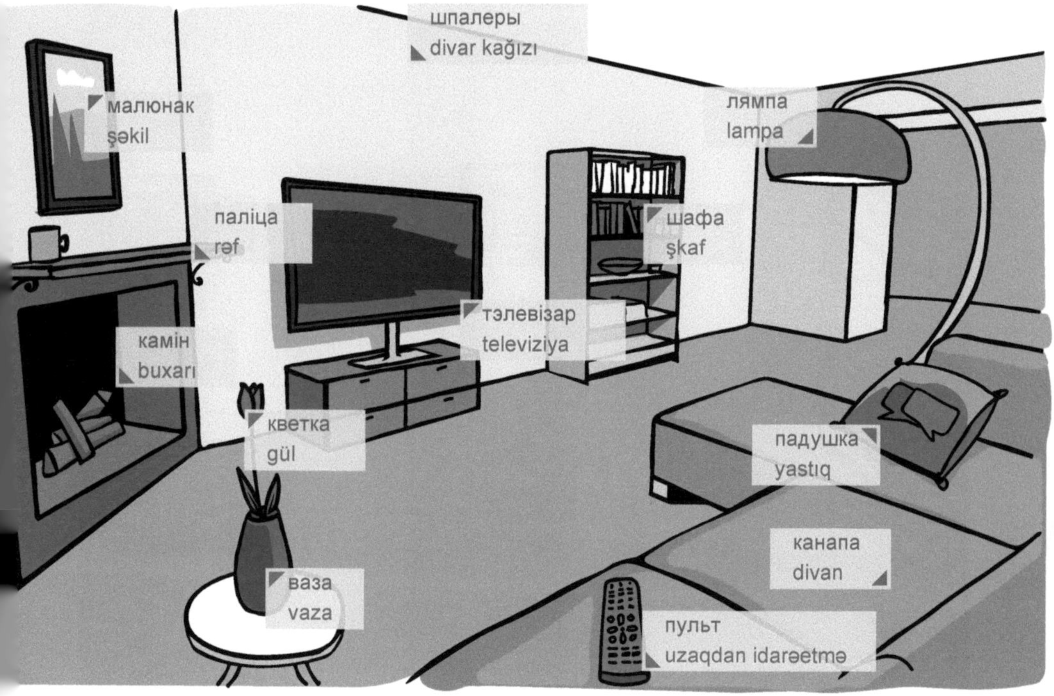

шпалеры
divar kağızı

малюнак
şəkil

лямпа
lampa

паліца
rəf

шафа
şkaf

камін
buxarı

тэлевізар
televiziya

кветка
gül

падушка
yastıq

ваза
vaza

канапа
divan

пульт
uzaqdan idarəetmə

дыван
xalça

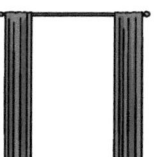

фіранка
pərdə

стол
masa

крэсла
kreslo

крэсла-качалка
yırğalanan stul

крэсла
kreslo

кніга

kitab

коўдра

yorğan

дэкарацыя

bəzək

дровы

odun

кіно

film

стэрэасістэма

stereo səs sistemi

ключ

açar

газета

qəzet

карціна

rəsm əsəri

постар

plakat

радыё

radio

нататнік

bloknot

пыласос

tozsoran

кактус

kaktus

свечка

şam

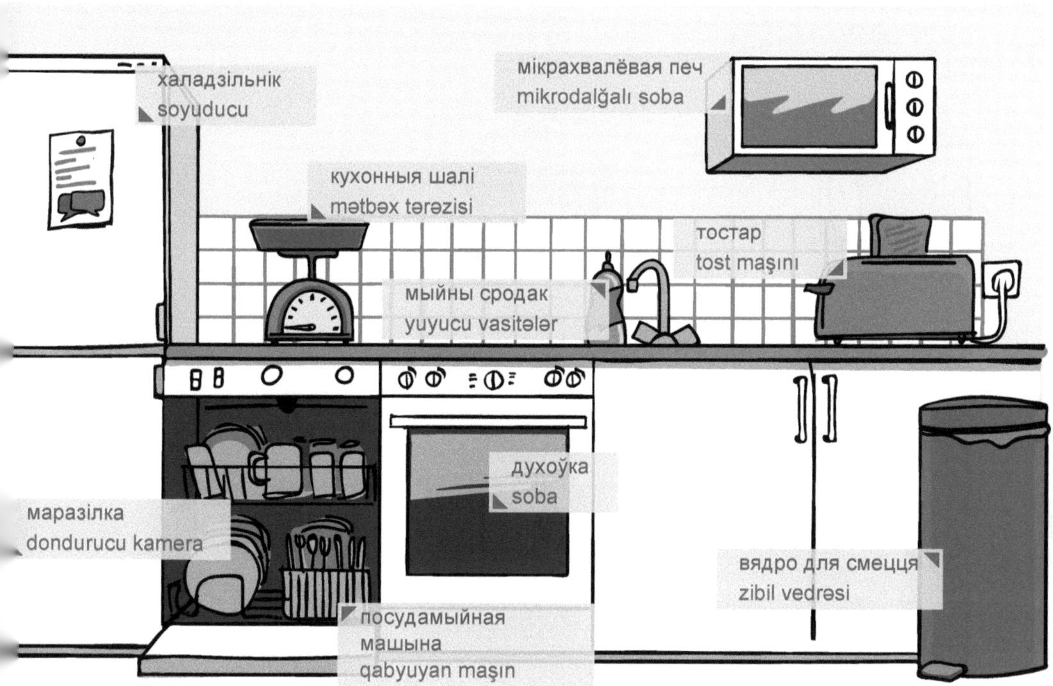

халадзільнік
soyuducu

мікрахвалёвая печ
mikrodalğalı soba

кухонныя шалі
mətbəx tərəzisi

тостар
tost maşını

мыйны сродак
yuyucu vasitələr

духоўка
soba

маразілка
dondurucu kamera

вядро для смецця
zibil vedrəsi

посудамыйная
машына
qabyuyan maşın

пліта
....
soba

рондаль
....
qazan

чыгунок
....
çuqun qazan

Вок / кадаі
....
vok / kadai

патэльня
....
tava

чайнік
....
çaydan

параварка

buxar qazanı

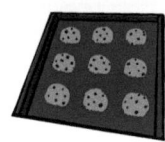

бляха

sac

посуд

qab

кубак

fincan

міска

ləyən

палачкі для ежы

yemək üçün çubuqlar

чарпак

çömçə

лапатачка

spatula

збівалка

çırpıcı

сіта для варэння

süzgəc

сіта

ələk

тарка

sürtgəc

ступка

həvəngdəstə

грыль

barbekyu

вогнішча

ocaq

кухня - mətbəx

дошка

doğrama taxtası

качалка

oxlov

штопар

probkaçıxaran

бляшанка

banka

адкрывалка

bankaağzıaçan

прыхваткі

qabtutan

ракавіна

əl üz yuyan

шчотка

fırça

губка

süngər

міксер

blender

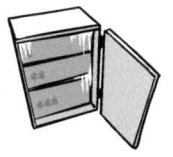

маразільная камера

dondurucu

бутэлечка

körpə şüşəsi

вадаправодны кран

kran

ванная

hamam otağı

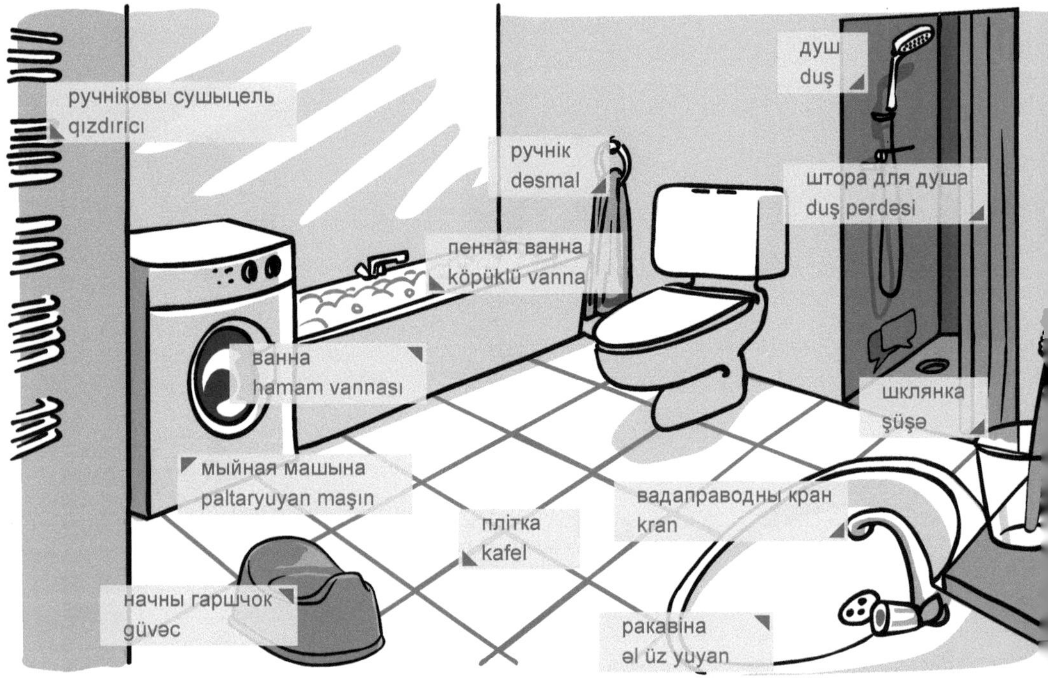

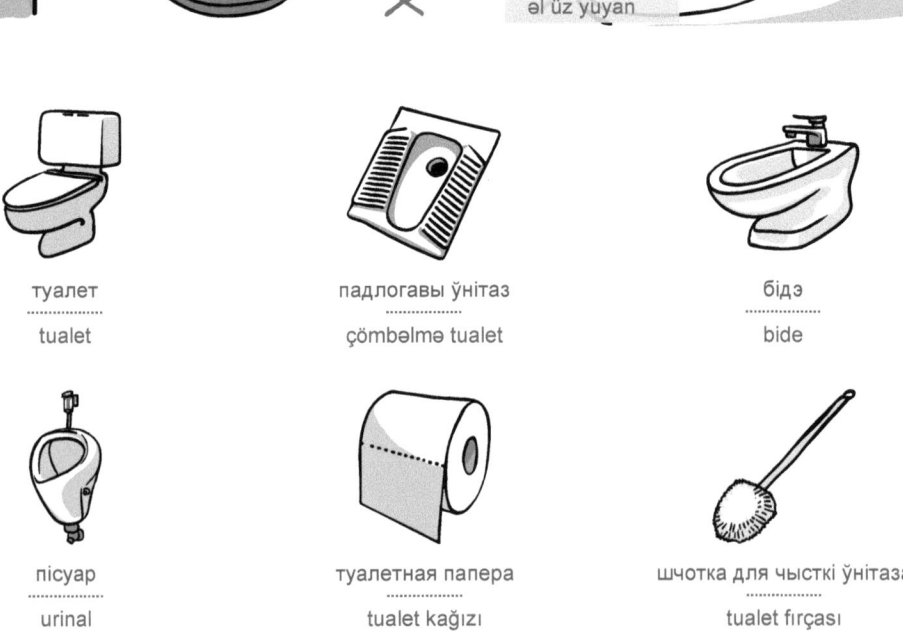

душ
duş
ручніковы сушыцель
qızdırıcı
ручнік
dəsmal
штора для душа
duş pərdəsi
пенная ванна
köpüklü vanna
ванна
hamam vannası
шклянка
şüşə
мыйная машына
paltaryuyan maşın
вадаправодны кран
kran
плітка
kafel
начны гаршчок
güvəc
ракавіна
əl üz yuyan

туалет

tualet

падлогавы ўнітаз

çömbəlmə tualet

бідэ

bide

пісуар

urinal

туалетная папера

tualet kağızı

шчотка для чысткі ўнітаза

tualet fırçası

зубная шчотка

diş fırçası

зубная паста

diş pastası

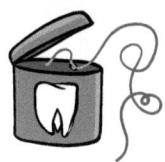

зубная нітка

diş ipi

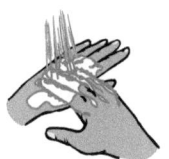

мыць

yumaq

ручны душ

əl duşu

інтымны душ

intim duş

умывальнік

taz

шчотка для спіны

bel fırçası

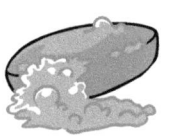

мыла

sabun

гель для душа

duş üçün gel

шампунь

şampun

вяхотка

əsgi

вадасцёк

drenaj

крэм

krem

дэзадарант

dezodorant

люстэрка

güzgü

касметычнае люстэрка

əl güzgüsü

станок для галення

ülgüc

пена для галення

üz qırxmaq üçün köpük

ласьён пасля галення

təraşdan sonra su

грэбень

daraq

шчотка

fırça

фен

fen

лак для валасоў

saç spreyi

касметыка

makiyaj

памада

dodaq boyası

лак для пазногцяў

dırnaq lakı

вата

pambıq

манікюрныя нажніцы

dırnaq qayçısı

духі

ətir

касметычка
gigiyenik torba

табурэтка
kətil

вагі
tərəzi

лазневы халат
hamam xalatı

санітарныя пальчаткі
rezin əlcək

тампон
tampon

гігіенічныя пракладкі
gigiyenik salfet

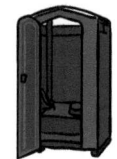

біятуалет
kimyəvi tualet

дзіцячы пакой

uşaq otaqı

будзільнік
zəngli saat
мяккая цацка
yumşaq oyuncaq
цацачная машынка
oyuncaq avtomobil
бразготка
cingilti
лялечны домік
kukla evciyi
падарунак
hədiyyə

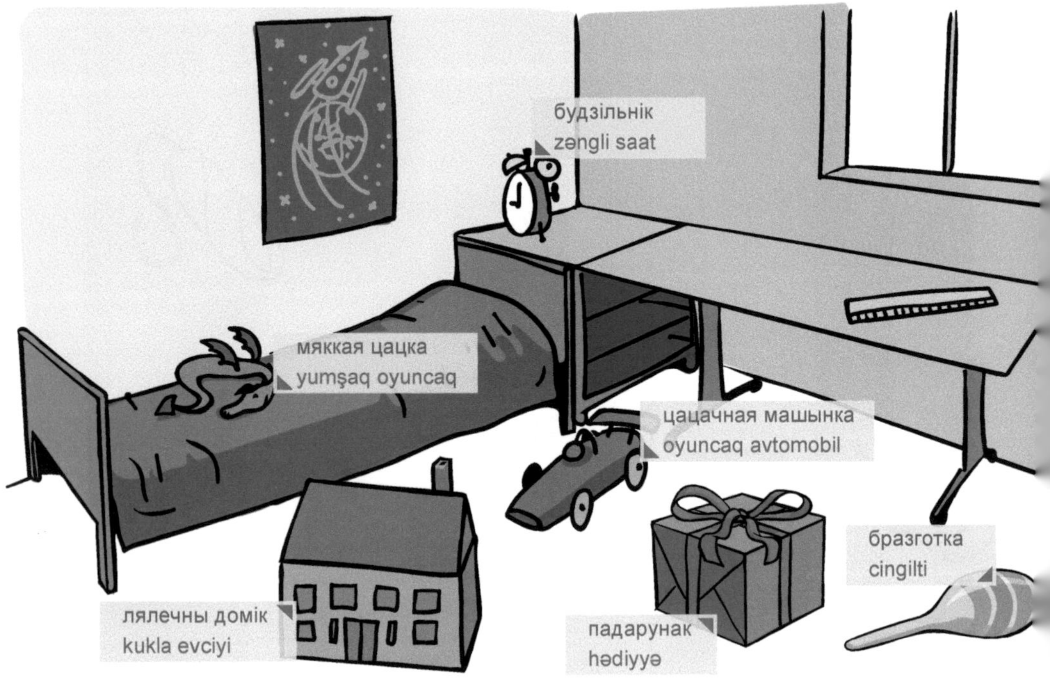

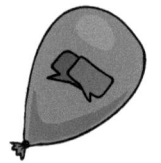

надзіманы шарык

balon

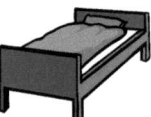

ложак

yataq

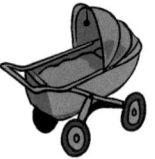

дзіцячая каляска

uşaq arabası

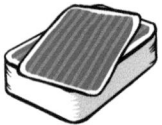

калода картаў

kart dəsti

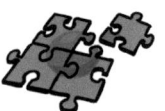

пазл

elektrik mişarı

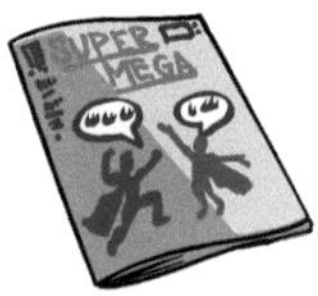

комікс

komik

канструктар "Лега"

leqo kərpici

канструктар

konstruktor blokları

экшэн-фігурка

oyuncaq-personaj

дзіцячы гарнітур

yeni doğulmuş körpələr
üçün geyimi

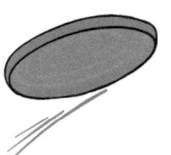

фрызбі

frisbi

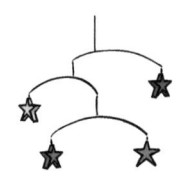

дзіцячы мабіль

yataq üstünə asılan körpə
oyuncağı

настольная гульня

masaüstü oyun

кубік

zər

дзіцячая чыгунка

oyuncaq qatar

пустышка

emzik

дзіцячае свята

qonaqlıq

кніга з малюнкамі

rəsmli kitab

мячык

top

лялька

kukla

гуляцца

oynamaq

пясочніца

qum qutusu

арэлі

yelləncək

цацкі

oyuncaqlar

гульнявая відэа прыстаўка

video oyun konsolu

трохколавы ровар

üç təkərli velosiped

плюшавы мішка

plüşdən hazırlanmış
oyuncaq ayı

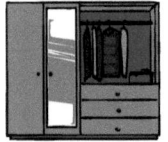

шафа

şkaf

шкарпэткі

corab

панчохі

corab

калготкі

kalqotka

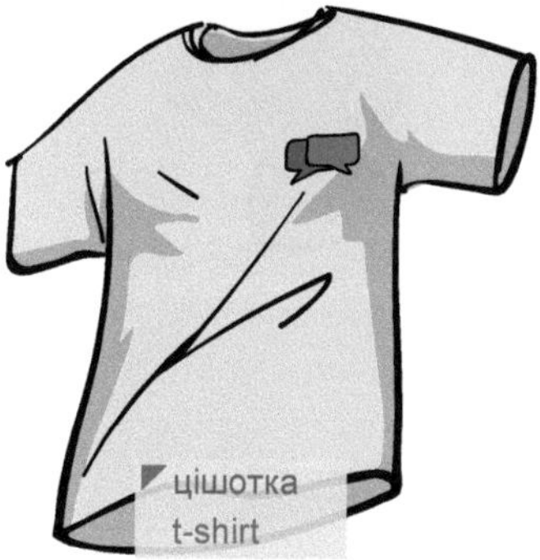

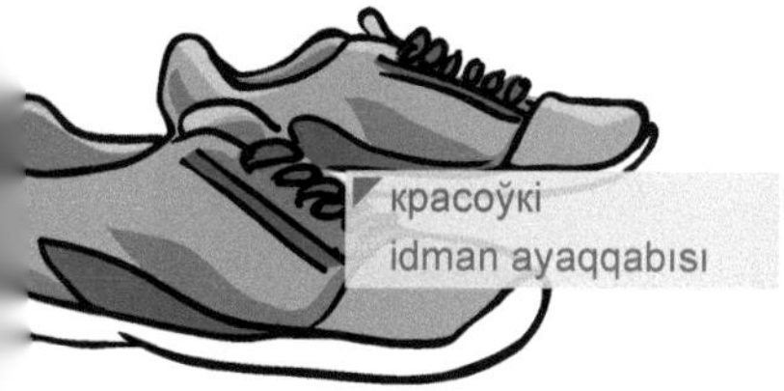

шалік
kaşne

рамень
kəmər

парасон
çətir

цішотка
t-shirt

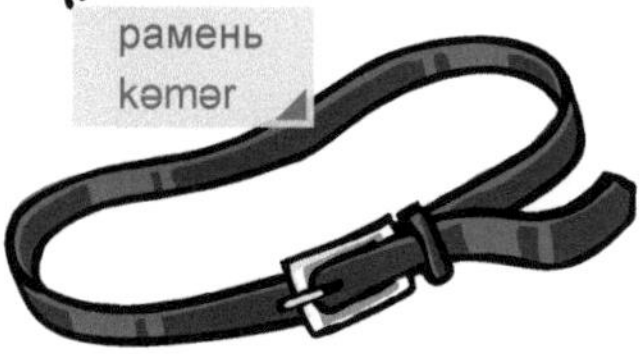

красоўкі
idman ayaqqabısı

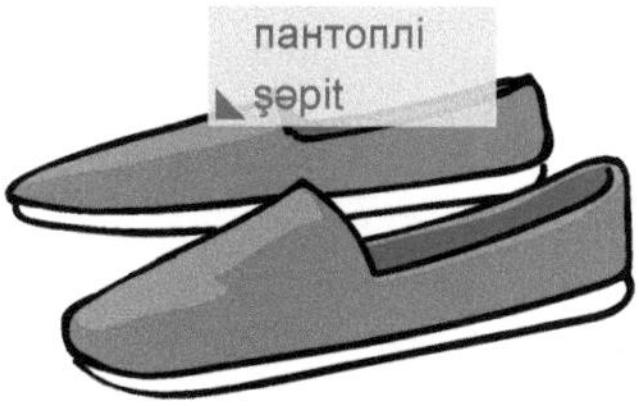

боты
çəkmə

пантоплі
şəpit

сандалі
sandallar

абутак
ayaqqabı

гумовыя боты
rezin çəkmələr

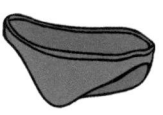

трусы
dizlik

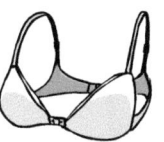

бюстгальтар
lifçik

майка
alt köynəyi

адзенне - geyim

бодзі

alt paltarı

штаны

şalvar

джынсы

cins

спадніца

yubka

блузка

bluza

кашуля

köynək

джэмпер

sviter

талстоўка

başlıqlı idman gödəkçəsi

блэйзер

gödəkçə

куртка

gödəkcə

паліто

pencək

дажджавік

plaş

касцюм

kostyum

сукенка

paltar

вясельная сукенка

gəlin paltarı

касцюм

kostyum

начная сарочка

gecə köynəyi

піжама

pijama

сары

sari

хустка

hicab / eşarp

цюрбан

çalma

паранджа

burka

каптан

kaftan

Абая

abaya

купальнік

çimərlik geyimi

плаўкі

tumuş

шорты

şort

спартыўны касцюм

məşq kostyumu

фартух

önlük

пальчаткі

əlcək

гузік
....
düymə

акуляры
....
eynək

бранзалет
....
bilərzik

каралі
....
boyunbağı

кальцо
....
üzük

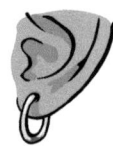

завушніца
....
sırğa

кепка
....
papaq

вешалка
....
asılqan

капялюш
....
papaq

гальштук
....
qalstuk

маланка
....
zəncirbənd

шлем
....
dəbilqə

падцяжкі
....
aşırma

школьная форма
....
məktəb uniforması

уніформа
....
uniforma

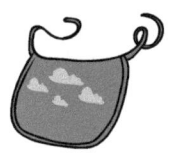

нагруднік

döşlük

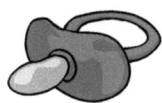

пустышка

emzik

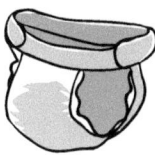

падгузнік

körpə bezi

офіс
ofis

сервер
server
канцылярская шафа
arxiv şkafı
прынтэр
printer
папера
kağız
манітор
monitor
мыш
siçan
пісьмовы стол
iş masası
тэчка
qovluq
клавіятура
klaviatura
смеццевы кошык
zibil qutusu
кампутар
kompyuter
крэсла
stul

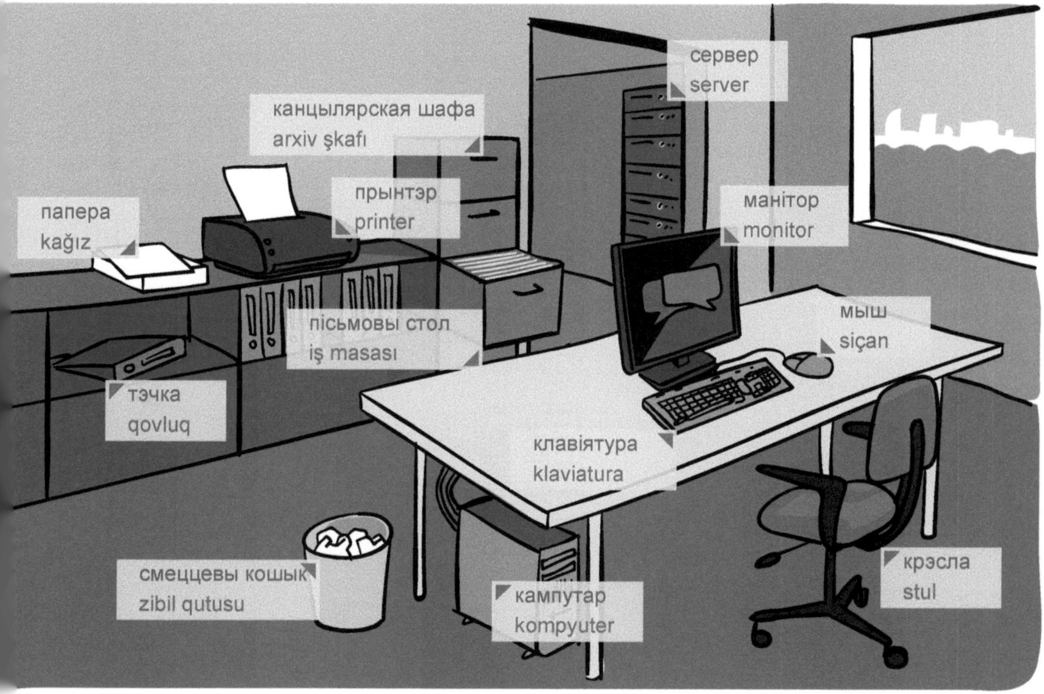

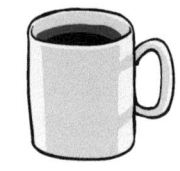

к для кавы (філіжанка)

qəhvə fincanı

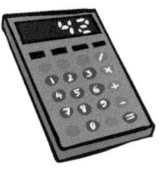

калькулятар

kalkulyator

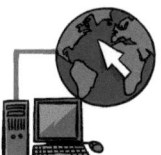

інтэрнэт

internet

ноўтбук

laptop

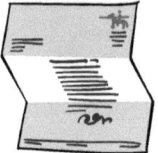

ліст

məktub

паведамленне

mesaj

мабільны тэлефон

mobil telefon

сетка

şəbəkə

ксеракс

surətçıxaran maşın

праграмнае забеспячэнне

proqram təminatı

тэлефон

telefon

разетка

ştepsel

факс

faks

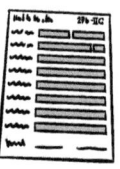

фармуляр

forma

дакумент

sənəd

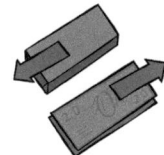

купляць
....
satın almaq

плаціць
....
ödəmək

гандляваць
....
alverlə məşğul olmaq

грошы
....
pul

долар
....
dollar

еўра
....
avro

ена
....
yen

рубель
....
rubl

франк
....
frank

кітайскі юань
....
renminbi yuan

рупія
....
rupi

банкамат
....
bankomat

абменны пункт

valyuta mübadiləsi məntəqəsi

золата

qızıl

срэбра

gümüş

нафта

neft

энергія

enerji

цана

qiymət

кантракт

müqavilə

падатак

vergi

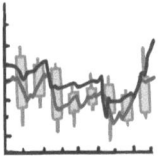

акцыя

səhm

працаваць

işləmək

служачы

işçi

працадаўца

işəgötürən

фабрыка

fabrik

крама

dükan

прафесіі
peşə

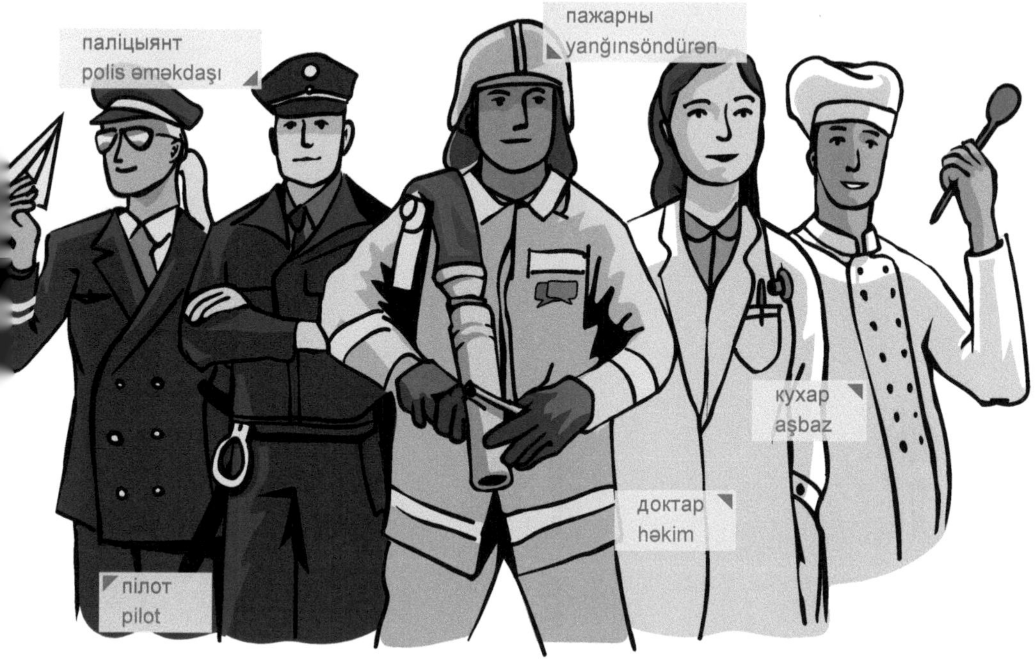
пажарны
yanğınsöndürən
паліцыянт
polis əməkdaşı
кухар
aşbaz
доктар
həkim
пілот
pilot

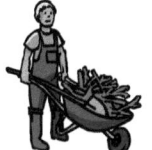

садоўнік

bağban

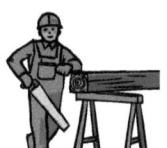

слесар

dülgər

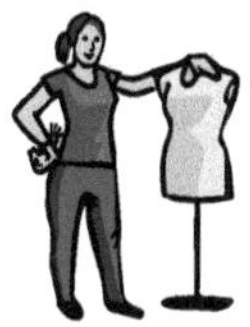
швачка

dərzi

суддзя

hakim

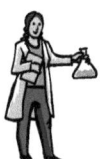

хімік

kimyaçı

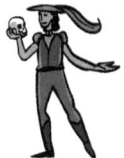

артыст

aktyor

кіроўца аўтобуса

avtobus sürücüsü

таксіст

taksi sürücüsü

рыбак

balıqçı

прыбіральшчыца

xadimə

страхар

dam işçisi

афіцыянт

ofisiant

паляўнічы

ovçu

мастак

rəssam

пекар

çörəkçi

электрык

elektrik ustası

будаўнік

inşaat işçisi

інжынер

mühəndis

мяснік

qəssab

сантэхнік

santexnik

паштальён

poçtalyon

прафесіі - peşə

салдат

əsgər

архітэктар

memar

касір

kassir

фларыст

gül-çiçək satıcısı

цырульнік

bərbər

кандуктар

konduktor

механік

mexanik

капітан

kapitan

стаматолаг

diş həkimi

вучоны

alim

рабін

ravvin

імам

imam

манах

rahib

святар

keşiş

інструменты
alətlər

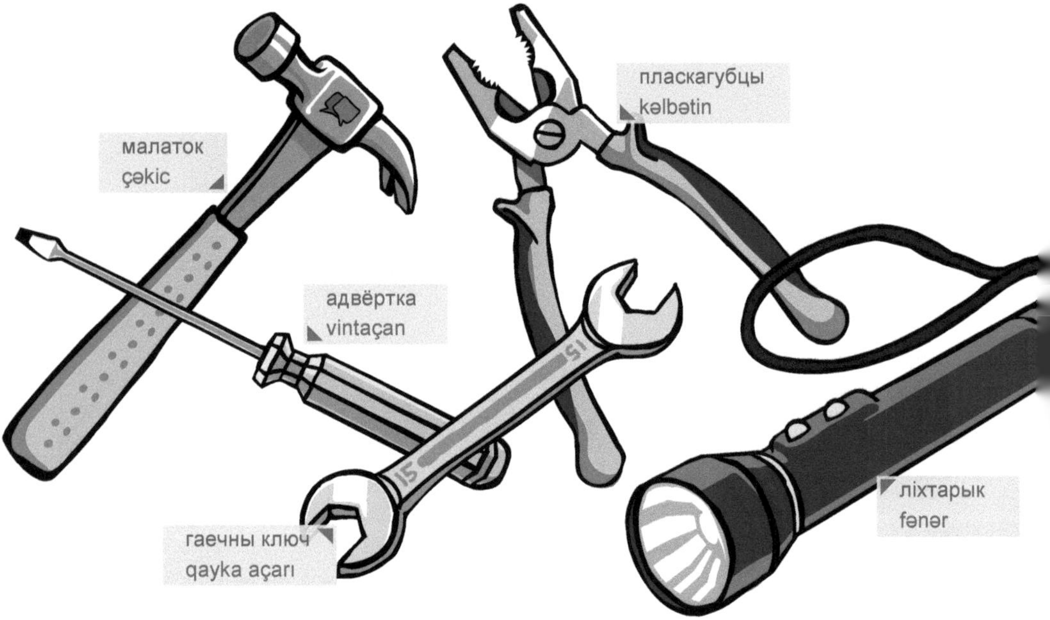
пласкагубцы
kəlbətin
малаток
çəkic
адвёртка
vintaçan
ліхтарык
fənər
гаечны ключ
qayka açarı

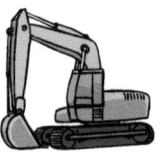

экскаватар

ekskavator

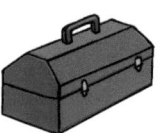

скрыня для інструментаў

alətlər qutusu

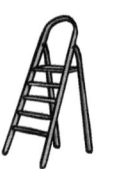

дравіны

nərdivan

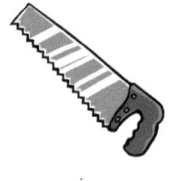

піла

mişar

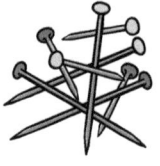

цвікі

dırnaqlar

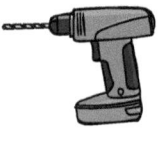

дрыль

drel

рамантаваць

təmir etmək

рыдлеўка

kürək

Халера!

Lənət olsun!

шуфлік для смецця

xəkəndaz

вядро з фарбаю

boya vedrəsi

балты

vintlər

музычныя інструменты
musiqi alətləri

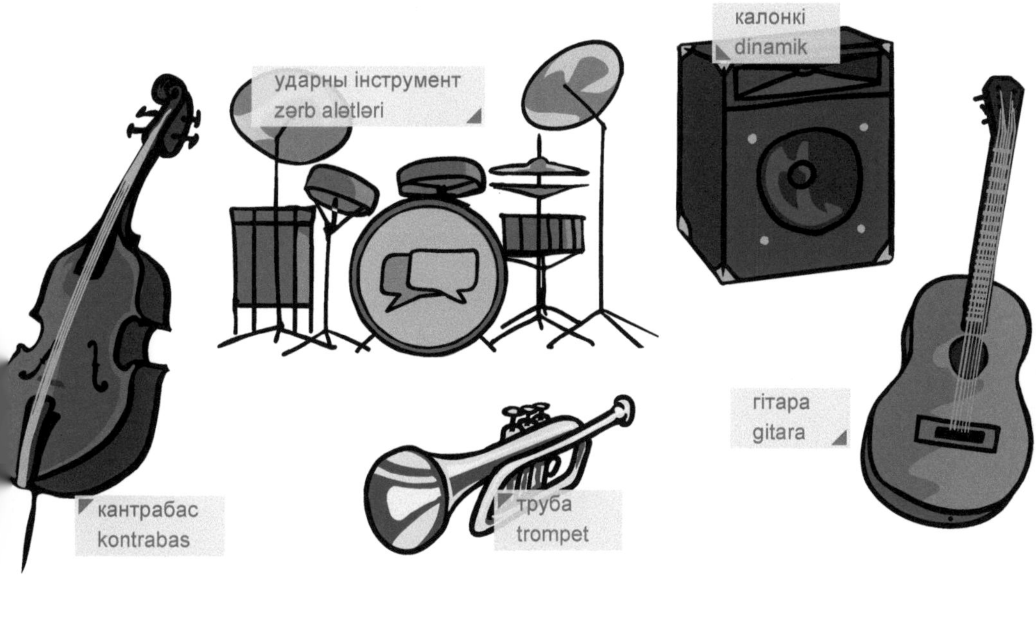

ударны інструмент
zərb alətləri

калонкі
dinamik

гітара
gitara

кантрабас
kontrabas

труба
trompet

піяніна

fortepiano

скрыпка

skripka

басгітара

bas

літаўры

timpani

барабан

nağara

клавішны электрамузычны інструмент

sintezator

саксафон

saksafon

флейта

fleyta

мікрафон

mikrofon

заапарк
zoopark

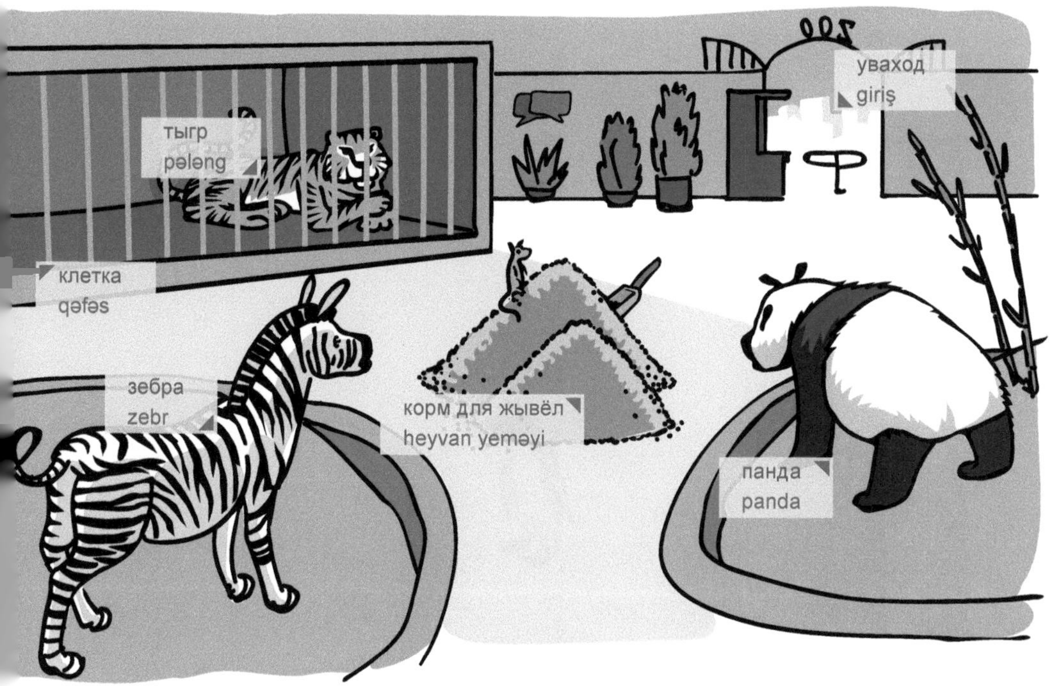

тыгр
pələng
клетка
qəfəs
зебра
zebr
корм для жывёл
heyvan yeməyi
панда
panda
уваход
giriş

жывёлы

heyvanlar

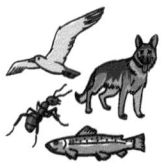

слон

fil

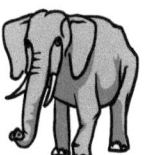

кенгуру

kenquru

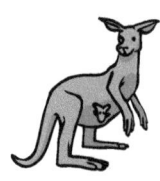

насарог

kərgədan

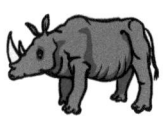

гарыла

qorilla

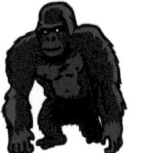

мядзведзь

ayı

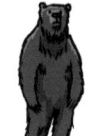

вярблюд

dəvə

стравус

dəvəquşu

леў

aslan

малпа

meymun

фламінга

flamingo

папугай

tutuquşu

белы мядзведзь

qütb ayısı

пінгвін

pinqvin

акула

köpəkbalığı

паўлін

tovuz

змяя

ilan

кракадзіл

timsah

наглядчык заапарка

zoopark işçisi

цюлень

suiti

ягуар

yaquar

поні

poni

леапард

bəbir

бегемот

hippopotam

жыраф

zürafə

арол

qartal

дзік

qaban

рыбак

balıq

чарапаха

tısbağa

морж

morj

ліса

tülkü

газель

ceyran

спорт
idman

амерыканскі футбол
amerikan futbolu

веласпорт
velosiped sürmək

тэніс
tennis

баскетбол
basketbol

плаванне
üzgüçülük

хакей з шайбай
buz xokkeyi

бокс
boks

футбол
futbol

бадмінтон
badminton

лёгкая атлетыка
yüngül atletika

гандбол
həndbol

горныя лыжы
xizək

пола
polo

дзейнасць

fəaliyyət

смяяцца
gülmək
скакаць
tullanmaq
абдымаць
qucaqlaşmaq
ісці
getmək
спяваць
oxumaq
марыць
yuxu görmək
маліцца
dua etmək
цалаваць
öpüşmək

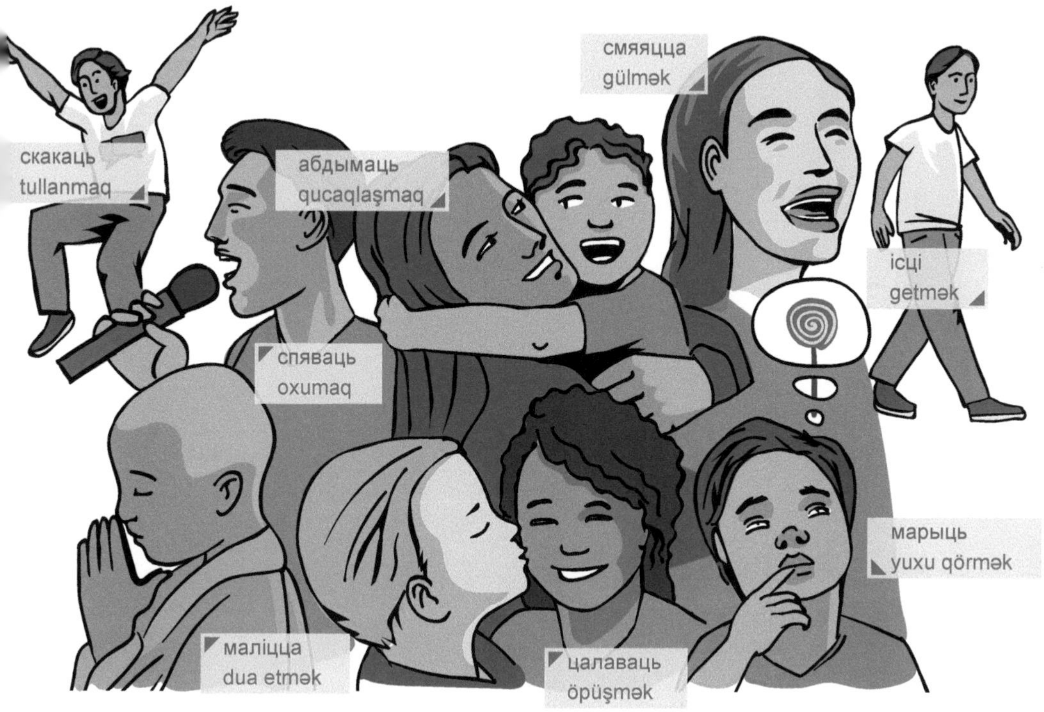

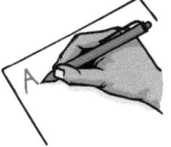

пісаць

yazmaq

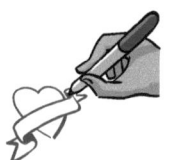

маляваць

çəkmək

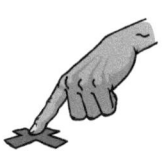

паказваць

göstərmək

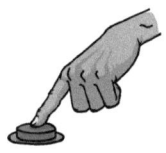

націснуць

itələmək

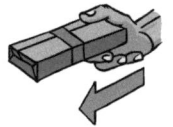

даваць

vermək

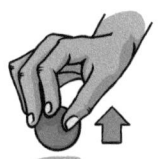

браць

götürmək

маць

sahibi olmaq

выконваць

etmək

быць

olmaq

стаяць

durmaq

бегчы

qaçmaq

цягнуць

çəkmək

кідаць

atmaq

падаць

düşmək

ляжаць

uzanmaq

чакаць

gözləmək

насіць

daşımaq

сядзець

oturmaq

апранацца

geyinmək

спаць

yatmaq

прачынацца

ayılmaq

глядзець

baxmaq

плакаць

ağlamaq

лашчыць

sığallamaq

прычэсвацца

daramaq

гаварыць

danışmaq

разумець

anlamaq

пытаць

soruşmaq

чуць

dinləmək

піць

içmək

есці

yemək

прыбіраць

təmizləmək

кахаць

sevmək

гатаваць

bişirmək

ехаць

sürmək

лятаць

uçmaq

плаваць пад ветразем

üzmək

лічыць

hesablamaq

чытаць

oxumaq

вучыць

öyrənmək

працаваць

işləmək

уступаць у шлюб

evlənmək

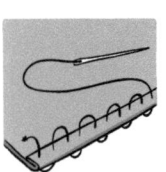

шыць

tikmək

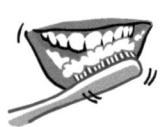

чысціць зубы

dişləri təmizləmək

забіваць

öldürmək

курыць

siqaret çəkmək

пасылаць

göndərmək

бабуля
nənə

дзядуля
baba

бацька
ata

маці
ana

дзіця
körpə

дачка
qız

сын
oğul

госць

qonaq

цётка

xala/bibi

дзядзька

əmi/dayı

брат

qardaş

сястра

bacı

цела

bədən

лоб
alın
вока
göz
плячо
çiyin
палец
barmaq
твар
üz
падбародак
buxaq
рука
əl
нага
ayaq
грудзі
döş
рука
qol

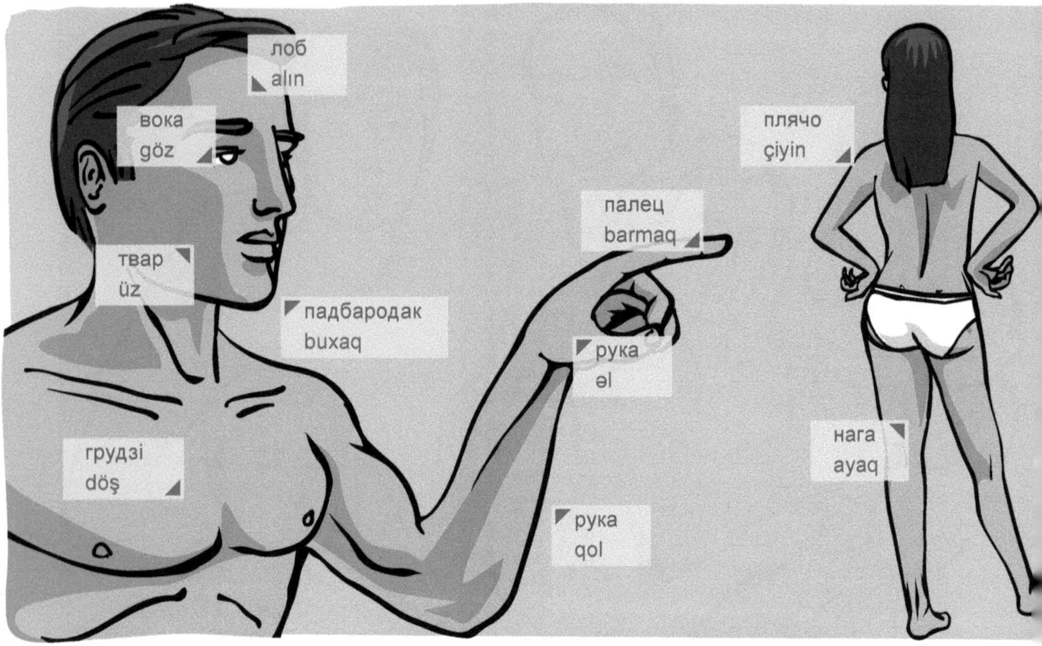

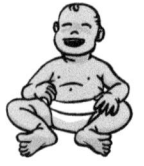

дзіця
körpə

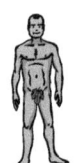

мужчына
kişi

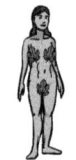

жанчына
qadın

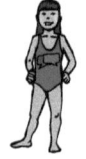

дзяўчынка
qız

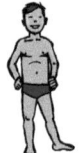

хлопчык
oğlan

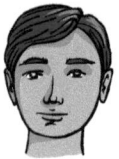

галава
baş

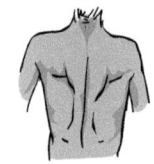

спіна

bel

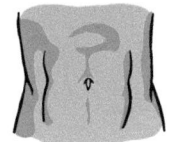

жывот

qarın

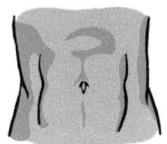

пуп

göbək

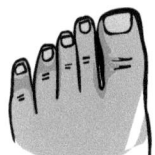

палец нагі

ayaq barmağı

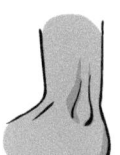

пятка

daban

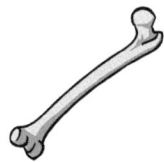

костка

sümük

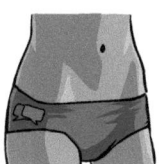

бядро

bud

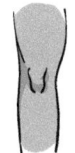

калена

diz

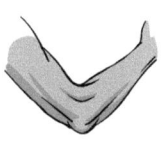

локаць

dirsək

нос

burun

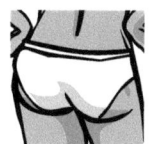

ягадзіца

sağrı

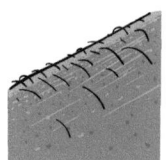

скура

dəri

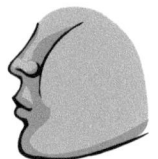

шчака

yanaq

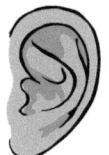

вуха

qulaq

губа

dodaq

рот

ağız

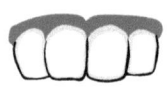

зуб

diş

язык

dil

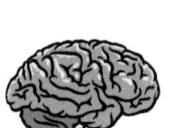

галаўны мозг

beyin

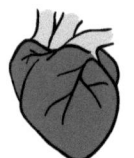

сэрца

ürək

мышца

əzələ

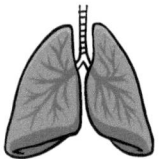

лёгкае

ağciyər

пячонка

qaraciyər

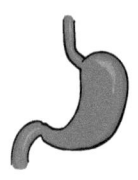

страўнік

mədə

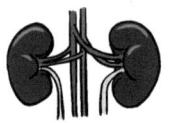

ныркі

böyrəklər

сэкс

cinsi yaxınlıq

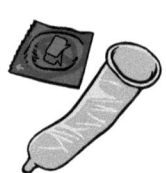

прэзерватыў

kondom

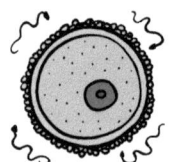

яйцаклетка

qadın cinsi hüceyrə

сперма

sperma

цяжарнасць

hamiləlik

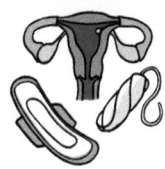

менструацыя
....
aybaşı

похва
....
vagina

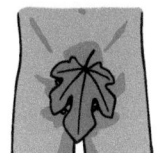

пеніс
....
penis

брыво
....
qaş

валасы
....
saç

шыя
....
boyun

шпіталь
xəstəxana

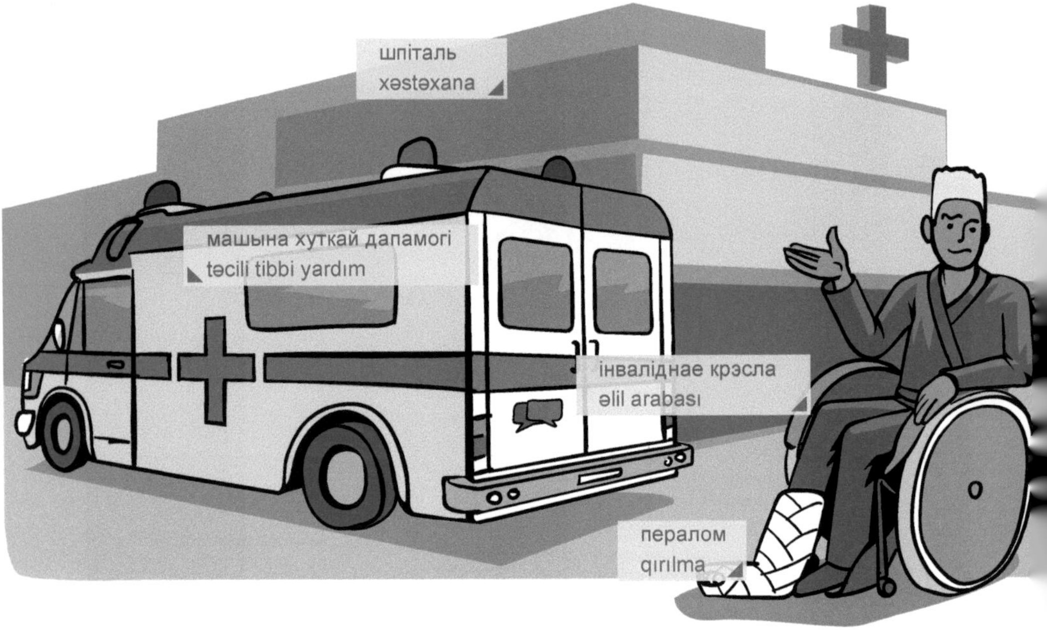

шпіталь
xəstəxana

машына хуткай дапамогі
təcili tibbi yardım

інвалiднае крэсла
əlil arabası

пералом
qırılma

докта́р

həkim

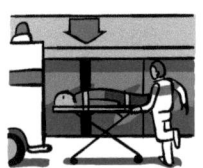

аддзяленне першай
дапамогі

reanimasiya şöbəsi

медсястра

tibb bacısı

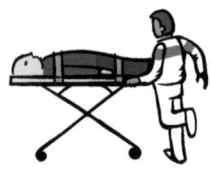

экстраная дапамога

fövqələdə hallar

непрытомны

huşunu itirmiş

боль

ağrı

траўма

zədə

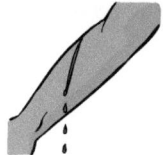

крывацёк

qanaxma

інфаркт

infarkt

апаплексія

insult

алергія

allergiya

кашаль

öskürək

гарачка

qızdırma

грып

qrip

панос

ishal

галаўны боль

başağrısı

рак

xərçəng

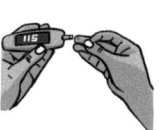

дыябет

şəkərli diabet

хірург

cərrah

скальпель

neştər

аперацыя

əməliyyat

КТ

CT

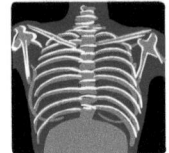

рэнтген

rentgen

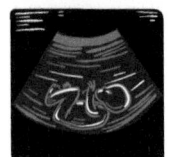

ультрагук

ultrasəs

маска

maska

хвароба

xəstəlik

пачакальня

gözləmə otağı

мыліца

qoltuqağacı

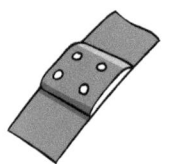

пластыр

plaster

бінт

sarğı

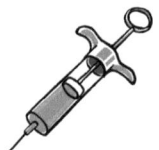

ін'екцыя

inyeksiya

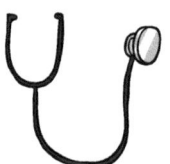

стэтаскоп

steteskop

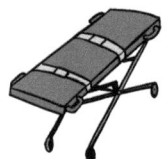

насілкі

xərək

градуснік

hərarətölçən

нараджэнне

doğum

лішняя вага

çəki artıqlığı

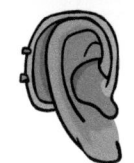

слухавы апарат

eşitmə aparatı

дэзінфекцыйны сродак

dezinfeksiyaedici

інфекцыя

infeksiya

вірус

virus

ВІЧ/СНІД

QİÇS

лекі

tibb

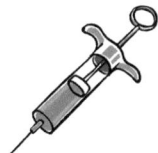

прышчэпка

peyvənd

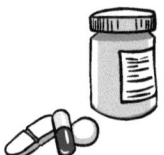

таблеткі

həblər

супрацьзачаткавая
таблетка

həb

экстраны выклік

təcili zəng

танометр

qan təzyiqini ölçmək üçün
cihaz

хворы / здаровы

xəstə / sağlam

Ратуйце!

Kömək edin!

сігналізацыя

həyəcan siqnalı

напад

basqın

атака

hücum

небяспека

təhlükə

аварыйны выхад

ehtiyat çıxışı

Пажар!

Yanğın!

вогнетушыцель

odsöndürən

аварыя

qəza

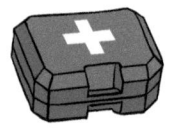

аптэчка

ilkin yardım qutus

COC

SOS

паліцыя

polis

Еўропа

Avropa

Паўночная Амерыка

Şimali Amerika

Паўднёвая Амерыка

Cənubi Amerika

Афрыка

Afrika

Азія

Asiya

Аўстралія

Avstraliya

Атлантычны акіян

Atlantik

Ціхі акіян

Sakit Okean

Індыйскі акіян

Hind okeanı

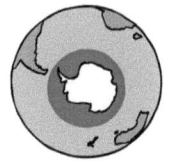

Уднёвы ледавіты акіян

Antarktika Okeanı

Паўночны ледавіты акіян

Şimal Buzlu okeanı

Паўночны полюс

Şimal qütbü

Паўднёвы полюс

Cənub qütbü

Антарктыда

Antarktika

Зямля

Yer kürəsi

краіна

ölkə

мора

dəniz

востраў

ada

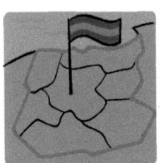

нацыя

millət

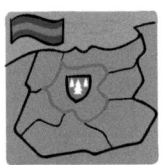

дзяржава

dövlət

цыферблат

siferblat

гадзінная стрэлка

saat əqrəbi

хвілінная стрэлка

dəqiqə əqrəbi

секундная стрэлка

saniyə əqrəbi

Колькі часу?

Saat neçədir?

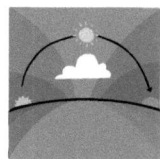

дзень

gün

час

vaxt

зараз

indi

электронны гадзіннік

rəqəmsal saat

хвіліна

dəqiqə

гадзіна

saat

həftə

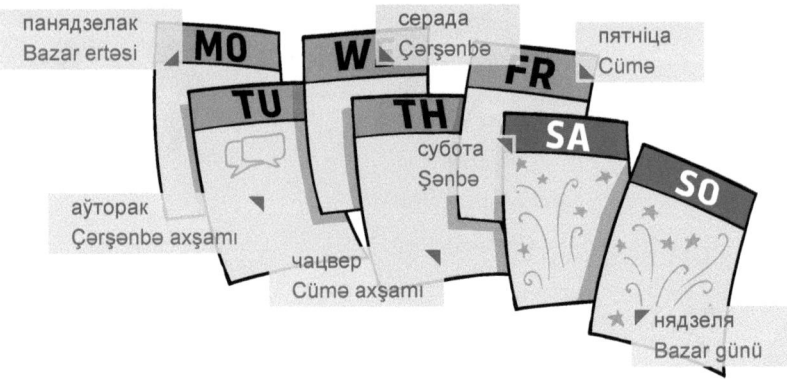

панядзелак
Bazar ertəsi

серада
Çərşənbə

пятніца
Cümə

аўторак
Çərşənbə axşamı

чацвер
Cümə axşamı

субота
Şənbə

нядзеля
Bazar günü

ўчора

dünən

сёння

bugün

заўтра

sabah

раніца

səhər

абед

günorta

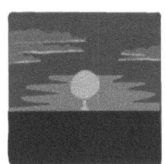

вечар

axşam

працоўныя дні

iş günü

выхадныя

həftə sonu

год

il

дождж
yağış
вясёлка
göy qurşağı
вецер
külək
снег
qar
вясна
yaz
лета
yay
восень
payız
зіма
qış

4.APRIL 11°
5.APRIL 4°
6.APRIL 13°
7.APRIL 8°
8.APRIL 10°

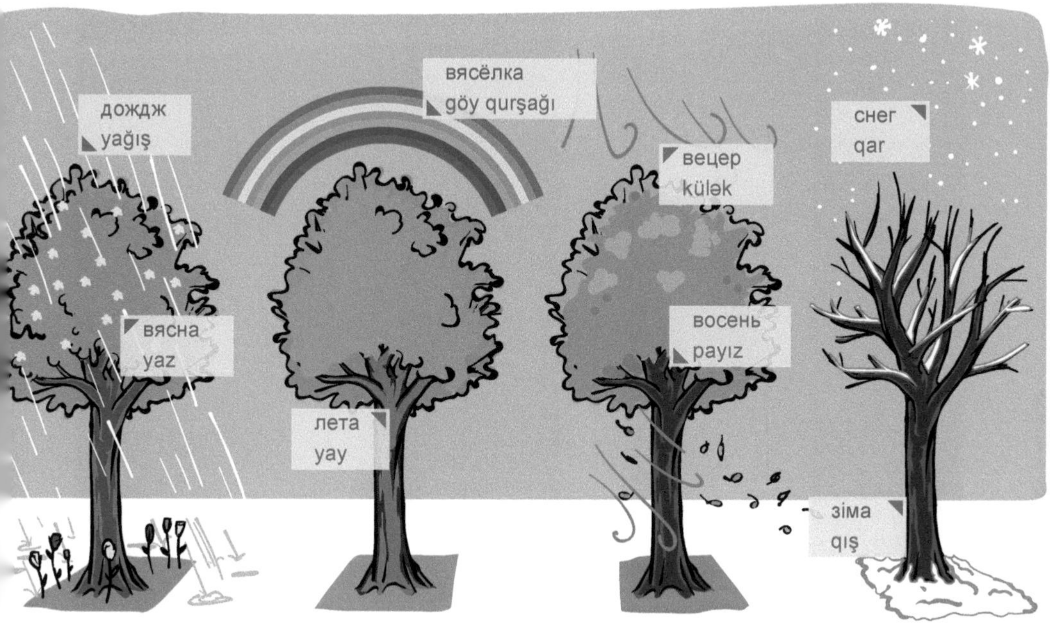

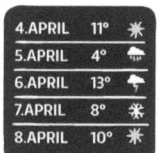

прагноз надвор'я

hava proqnozu

F
C
120
90
60
30
0
-30
40
30
20
10
0
-10
-20

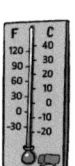

градуснік

termometr

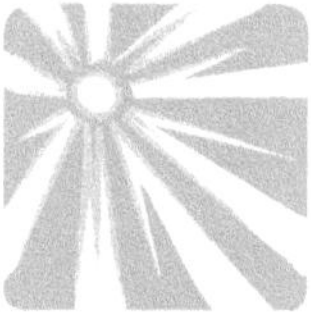

сонечнае святло

günəş işığı

воблака

bulud

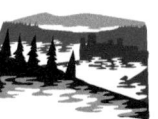

туман

duman

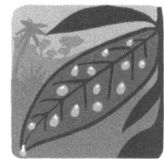

вільготнасць паветра

rütubət

маланка

ildırım

гром

göy gurultusu

бура

fırtına

град

dolu

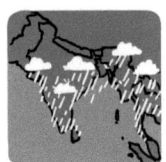

мусонны вецер

musson

прыліў

daşqın

лёд

buz

студзень

yanvar

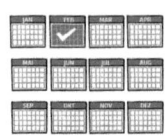

люты

fevral

сакавік

mart

красавік

aprel

май

may

чэрвень

iyun

ліпень

iyul

жнівень

avqust

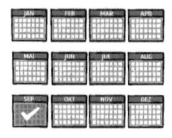

верасень
....
sentyabr

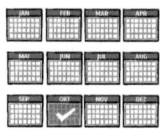

кастрычнік
....
oktyabr

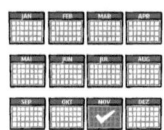

лістапад
....
noyabr

снежань
....
dekabr

формы
formalar

круг
....
dairə

квадрат
....
kvadrat

квадрат

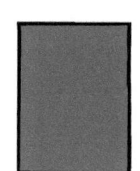

прамавугольнік
....
düzbucaqlı

трохвугольнік
....
üçbucaq

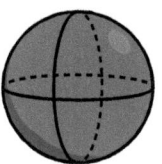

шар
....
kürə

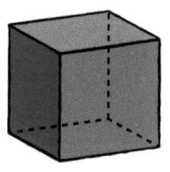

куб
....
kub

белы
аğ

жоўты
sarı

аранжавы
narıncı

ружовы
çəhrayı

чырвоны
qırmızı

фіялетавы
bənövşəyi

сіні
mavi

зялёны
yaşıl

карычневы
palıdı

шэры
boz

чорны
qara

шмат / мала

çox / az

злы / добры

qeyzli / sakit

прыгожы / брыдкі

yaraşıqlı / eybәcәr

пачатак / канец

başlanğıc / son

высокі / малы

böyük / kiçik

светлы / цёмны

işıqlı / qaranlıq

сястра / брат

qardaş / bacı

чысты / брудны

tәmiz / kirli

поўны / няпоўны

tam / natamam

дзень / ноч

gündüz / gecә

мёртвы / жывы

ölü / diri

шырокі / вузкі

geniş / dar

ядомы / неядомы

yemeli / yeyilməyən

злы / добры

hirsli / mehriban

узбуджаны / нудны

həyəcanlı / bezmiş

тоўсты / тонкі

kök / arıq

першы / апошні

ilk / son

сябар / вораг

dost / düşmən

поўны / пусты

dolu / boş

цвёрды / мяккі

sərt / yumşaq

важкі / лёгкі

ağır / yüngül

голад / смага

aclıq / susuzluq

хворы / здаровы

xəstə / sağlam

нелегальны / легальны

qanunsuz / qanuni

разумны / дурны

ağıllı / axmaq

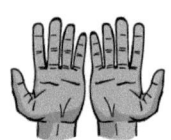

левы / правы

sol / sağ

побач / далёка

yaxın / uzaq

супрацьлегласці - əksinə

новы / былы ва ўжыванні

yeni / istifadə edilmiş

нічога / нешта

heç bir şey / bir şey

стары / малады

qoca / gənc

укл / выкл

açma / bağlama

адчынены / зачынены

açıq / bağlı

ціхі / гучны

sakit/ bərk

багаты / бедны

varlı / kasıb

правільна / няправільна

düzgün / səhv

шурпаты / гладкі

kobud / hamar

сумны / шчаслівы

kədərli / xoşbəxt

кароткі / доўгі

qısa / uzun

павольны / хуткі

yavaş / sürətli

вільготны / сухі

yaş / quru

цёплы / халаднаваты

isti / sərin

вайна / мір

müharibə / sülh

0
нуль
sıfır

1
адзін
bir

2
два
iki

3
тры
üç

4
чатыры
dörd

5
пяць
beş

6
шэсць
altı

7
сем
yeddi

8
восем
səkkiz

9
дзевяць
doqquz

10
дзесяць
on

11
адзінаццаць
on bir

12
дванаццаць
on iki

13
трынаццаць
on üç

14
чатырнаццаць
on dörd

15
пятнаццаць
on beş

16
шаснаццаць
on altı

17
сямнаццаць
on yeddi

18
васямнаццаць
on səkkiz

19
дзевятнаццаць
on doqquz

20
дваццаць
iyirmi

100
сто
yüz

1.000
тысяча
min

1.000.000
мільён
milyon

англійская

İngilis dili

англійская (Амерыка)

İngilis dilinin amerikan variantı

кітайская мандарынская

Çin dilinin Mandarin dialekti

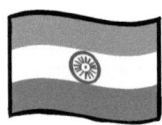

хіндзі

Hind dili

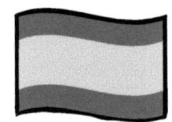

іспанская

İspan dili

французская

Fransız dili

арабская

Ərəb dili

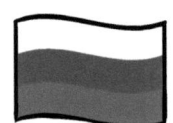

руская

Rus dili

партугальская

Portuqal dili

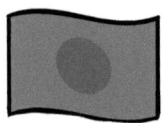

бенгальская

Benqal dili

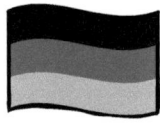

нямецкая

Alman dili

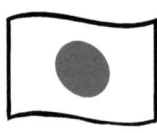

японская

Yapon dili

я
....
mən

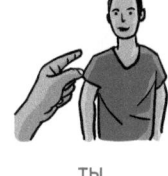

ты
....
sən

ён / яна / яно
....
o / o / o

мы
....
biz

вы
....
siz

яны
....
onlar

хто?
....
kim?

што?
....
nə?

як?
....
necə?

дзе?
....
harada?

калі?
....
nə zaman?

імя
....
ad

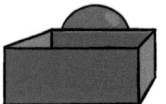

за

arxadan

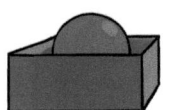

у

içində

перад

qarşısında

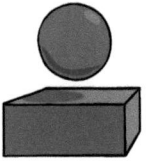

над

üzərində

на

dair

пад

altında

каля

yanaşı

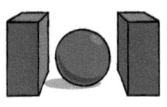

паміж

arasında

месца

yer